卞尺丹几乙し丹卞と

Translated Language Learning

The Nightingale and the Rose

Słowik i róża

Oscar Wilde

English / Polsku

Copyright © 2023 Tranzlaty
All rights reserved.
ISBN: 978-1-83566-012-6
Original text by Oscar Wilde
The Nightingale and the Rose
Written in 1888 in English
www.tranzlaty.com

The Nightingale and the Rose
Słowik i róża

'She said that she would dance with me if I brought her red roses'
"Powiedziała, że zatańczy ze mną, jeśli przyniosę jej czerwone róże"
'but in all my garden there is no red rose' cried the young Student
"Ale w całym moim ogrodzie nie ma czerwonej róży" – zawołał młody Student
from her nest in the holm-oak tree the nightingale heard him
Z gniazda w dębie ostrolistnym usłyszał go słowik
and she looked out through the leaves, and wondered
A ona spojrzała przez liście i dziwiła się

'No red rose in all my garden!' he cried
"Żadnej czerwonej róży w całym moim ogrodzie!" – zawołał
and his beautiful eyes filled with tears
a jego piękne oczy wypełniły się łzami
'On what little things does happiness depend!'
"Od jakich drobiazgów zależy szczęście!"
'I have read all that the wise men have written'
"Przeczytałem wszystko, co napisali mędrcy"
'all the secrets of philosophy are mine'
"Wszystkie tajniki filozofii są moje"
'yet for want of a red rose my life is made wretched'
"A jednak z braku czerwonej róży moje życie stało się nędzne"

'Here at last is a true lover,' said the nightingale
– Nareszcie jest prawdziwy kochanek – rzekł słowik
'Night after night have I sung of him, though I knew him not'
"Śpiewałem o nim noc w noc, choć go nie znałem"
'Night after night have I told his story to the stars'
"Noc w noc opowiadałem jego historię gwiazdom"
'and now I see him'
"A teraz go widzę"

'His hair is as dark as the hyacinth-blossom'
"Jego włosy są ciemne jak kwiat hiacyntu"
'and his lips are as red as the rose of his desire'
"A jego usta są czerwone jak róża jego pożądania"
'but passion has made his face like pale Ivory'
"ale namiętność uczyniła jego twarz jak blada kość słoniowa"
'and sorrow has set her seal upon his brow'
"A smutek odcisnął jej pieczęć na jego czole"

'The Prince has organized a ball tomorrow,' said the young student
– Książę urządził jutro bal – oznajmił młody student
'and my love will be there'
"A moja miłość tam będzie"
'If I bring her a red rose, she will dance with me'
"Jeśli przyniosę jej czerwoną różę, zatańczy ze mną"
'If I bring her a red rose, I will hold her in my arms'
"Jeśli przyniosę jej czerwoną różę, będę ją trzymał w ramionach"
'and she will lean her head upon my shoulder'
"I oprze głowę na moim ramieniu"
'and her hand will be clasped in mine'
"A jej ręka będzie spleciona z moją"

'But there is no red rose in my garden'
"Ale w moim ogrodzie nie ma czerwonej róży"
'so I will sit lonely'
"Będę siedział samotnie"
'and she will go past me'
"I przejdzie obok mnie"
'She will have no heed of me'
"Nie będzie zważać na mnie"
'and my heart will break'
"I pęknie mi serce"

'Here indeed is the true lover,' said the nightingale
– Oto prawdziwy kochanek – rzekł słowik
'What I sing of he suffers'
"To, o czym śpiewam, cierpi"
'what is joy to me is pain to him'
"To, co dla mnie jest radością, dla niego jest bólem"
'Surely love is a wonderful thing'
"Miłość to z pewnością cudowna rzecz"
'love is more precious than emeralds'
"Miłość jest cenniejsza niż szmaragdy"

'and love is dearer than fine opals'
"A miłość jest droższa niż piękne opale"
'Pearls and pomegranates cannot buy love'
"Perły i granaty miłości nie kupią"
'nor is love sold in the market-place'
"Miłości nie sprzedaje się na rynku"
'love can not be bought from merchants'
"Miłości nie można kupić od kupców"
'nor can love be weighed on a balance for gold'
"Miłości nie można też ważyć na wadze złota"

'The musicians will sit in their gallery,' said the young student
– Muzycy zasiądą na swojej galerii – powiedział młody student
'and they will play upon their stringed instruments'
"I będą grać na swoich instrumentach strunowych"
'and my love will dance to the sound of the harp'
"A moja miłość zatańczy przy dźwiękach harfy"
'and she will dance to the sound of the violin'
"I zatańczy przy dźwiękach skrzypiec"
'She will dance so lightly her feet won't touch the floor'
"Będzie tańczyć tak lekko, że jej stopy nie dotkną podłogi"

'and the courtiers will throng round her'
"A dworzanie będą się tłoczyć wokół niej"
'but she will not dance with me'
"Ale ona nie zatańczy ze mną"
'because I have no red rose to give her'
"Bo nie mam czerwonej róży, którą mógłbym jej dać"
he flung himself down on the grass
Rzucił się na trawę
and he buried his face in his hands and wept
Ukrył twarz w dłoniach i zapłakał

'Why is he weeping?' asked a little Green Lizard
"Dlaczego płacze?" – zapytała mała Zielona Jaszczurka
while he ran past with his tail in the air
podczas gdy on biegł obok z ogonem w powietrzu
'Why indeed?' said a Butterfly
"Dlaczego?" zapytał Motyl
while he was fluttering about after a sunbeam
podczas gdy on fruwał za promieniem słońca

'Why indeed?' whispered a daisy to his neighbour in a soft, low voice
'Dlaczego?' szepnęła stokrotka do sąsiadki miękkim, niskim głosem

'He is weeping for a red rose,' said the nightingale
– Płacze za czerwoną różą – rzekł słowik
'For a red rose!?' they exclaimed
"Za czerwoną różę!?" – wykrzyknęli
'how very ridiculous!'
– Jakie to śmieszne!
and the little Lizard, who was something of a cynic, laughed outright
a mały Jaszczur, który był czymś w rodzaju cynika, roześmiał się głośno

But the nightingale understood the secret of the student's sorrow
Ale słowik zrozumiał tajemnicę smutku studenta
and she sat silent in the oak-tree
i siedziała milcząca na dębie
and she thought about the mystery of love
i rozmyślała o tajemnicy miłości
Suddenly she spread her brown wings
Nagle rozpostarła brązowe skrzydła
and she soared into the air
i wzbiła się w powietrze

She passed through the grove like a shadow
Przeszła przez zagajnik jak cień
and like a shadow she sailed across the garden
i jak cień przepłynęła przez ogród
In the centre of the garden was a beautiful rose-tree

W centrum ogrodu rosło piękne drzewo różane
and when she saw the rose-tree, she flew over to it
A gdy zobaczyła drzewo różane, podleciała do niego
and she perched upon a twig
i usiadła na gałązce

'Give me a red rose,' she cried
– Daj mi czerwoną różę – zawołała
'give me a red rose and I will sing you my sweetest song'
"Daj mi czerwoną różę, a zaśpiewam ci moją najsłodszą piosenkę"
But the Tree shook its head
Ale Drzewo potrząsnęło głową
'My roses are white,' the rose-tree answered
– Moje róże są białe – odpowiedziało drzewo różane

'as white as the foam of the sea'
"Biała jak piana morska"
'and whiter than the snow upon the mountain'
"I bielszy niż śnieg na górze"
'But go to my brother who grows round the old sun-dial'
"Ale idź do mojego brata, który rośnie wokół starego zegara słonecznego"
'perhaps he will give you what you want'
"Może da ci to, czego chcesz"

So the nightingale flew over to his brother
Słowik poleciał więc do brata
the rose-tree growing round the old sun-dial
drzewo różane rosnące wokół starego zegara słonecznego
'Give me a red rose,' she cried
– Daj mi czerwoną różę – zawołała
'give me a red rose and I will sing you my sweetest song'

"Daj mi czerwoną różę, a zaśpiewam ci moją najsłodszą piosenkę"
But the rose-tree shook its head
Ale drzewo różane potrząsnęło głową
'My roses are yellow,' the rose-tree answered
– Moje róże są żółte – odpowiedziało drzewo różane

'as yellow as the hair of a mermaid'
"Żółty jak włosy syreny"
'and yellower than the daffodil that blooms in the meadow'
"I bardziej żółty niż żonkil, który kwitnie na łące"
'before the mower comes with his scythe'
"Zanim nadejdzie kosiarz z kosą"
'but go to my brother who grows beneath the student's window'
"Ale idź do mojego brata, który rośnie pod oknem studenta"
'and perhaps he will give you what you want'
"A może da ci to, czego chcesz"

So the nightingale flew over to his brother
Słowik poleciał więc do brata
the rose-tree growing beneath the student's window
Drzewo różane rosnące pod oknem ucznia
'give me a red rose,' she cried
– Daj mi czerwoną różę – zawołała
'give me a red rose and I will sing you my sweetest song'
"Daj mi czerwoną różę, a zaśpiewam ci moją najsłodszą piosenkę"
But the rose-tree shook its head
Ale drzewo różane potrząsnęło głową

'My roses are red,' the rose-tree answered
– Moje róże są czerwone – odpowiedziało drzewo różane
'as red as the feet of the dove'
"Czerwona jak stopy gołębicy"
'and redder than the great fans of coral'
"I bardziej czerwony niż wielcy fani koralowców"
'the corals that sway in the ocean-cavern'
"Koralowce, które kołyszą się w jaskini oceanicznej"

'But the winter has chilled my veins'
"Ale zima zmroziła mi żyły"
'and the frost has nipped my buds'
"A mróz zdusił moje pąki"
'and the storm has broken my branches'
"A burza połamała moje gałęzie"
'and I shall have no roses at all this year'
"A w tym roku nie będę miała w ogóle róż"

'One red rose is all I want,' cried the nightingale
– Jedna czerwona róża to wszystko, czego chcę – zawołał słowik
'Is there no way by which I can get it?'
– Czy nie ma sposobu, żebym mógł go zdobyć?
'There is a way' answered the rose-tree'
– Jest na to sposób – odpowiedziała różana –
'but it is so terrible that I dare not tell you'
"Ale to jest tak straszne, że nie śmiem ci powiedzieć"
'Tell it to me' said the nightingale
– Powiedz mi to – powiedział słowik
'I am not afraid'
"Nie boję się"

'If you want a red rose,' said the rose-tree
– Jeśli chcesz czerwoną różę – powiedziała różana róża
'if you want a red rose you must build the rose out of music'
"Jeśli chcesz mieć czerwoną różę, musisz zbudować różę z muzyki"
'while the moonlight shines upon you'
"póki świeci nad tobą światło księżyca"
'and you must stain the rose with your own heart's blood'
"I splamisz różę krwią własnego serca"

'You must sing to me with your breast against a thorn'
"Musisz mi śpiewać z piersią opartą o cierń"
'All night long you must sing to me'
"Całą noc musisz mi śpiewać"
'the thorn must pierce your heart'
'Cierń musi przebić twoje serce'
'your life-blood must flow into my veins'
"Twoja życiodajna krew musi płynąć w moich żyłach"
'and your life-blood must become my own'
"A twoja życiodajna krew musi stać się moją własnością"

'Death is a high price to pay for a red rose,' cried the nightingale
– Śmierć to wysoka cena za czerwoną różę – zawołał słowik
'life is very dear to all'
"Życie jest wszystkim bardzo drogie"
'It is pleasant to sit in the green wood'
"Przyjemnie jest posiedzieć w zielonym lesie"
'it is nice to watch the sun in his chariot of gold'
"Miło jest patrzeć na słońce w jego złotym rydwanie"

'and it is nice to watch the moon in her chariot of pearl'
"I miło jest patrzeć na księżyc w swoim perłowym rydwanie"

'sweet is the scent of the hawthorn'
"Słodki jest zapach głogu"
'sweet are the bluebells that hide in the valley'
"Słodkie są dzwonki, które kryją się w dolinie"
'and sweet is the heather that blows on the hill'
"A słodki jest wrzos, który wieje na wzgórzu"
'Yet love is better than life'
"A przecież miłość jest lepsza niż życie"

'and what is the heart of a bird compared to the heart of a man?'
– A czymże jest serce ptaka w porównaniu z sercem człowieka?
So she spread her brown wings for flight
Rozpostarła więc brązowe skrzydła do lotu
and she soared into the air
i wzbiła się w powietrze
She swept over the garden like a shadow
Omiatała ogród jak cień
and like a shadow she sailed through the grove
i jak cień płynęła przez zagajnik

The young Student was still lying in the garden
Młody Student wciąż leżał w ogrodzie
and his tears were not yet dry in his beautiful eyes
a łzy nie wyschły jeszcze w jego pięknych oczach
'Be happy,' cried the nightingale
– Bądź szczęśliwy – zawołał słowik
'you shall have your red rose'

"Będziesz miał swoją czerwoną różę"
'I will make your rose out of music'
"Zrobię twoją różę z muzyki"
'while the moonlight shines upon me'
"póki świeci na mnie światło księżyca"

'and I will stain your rose with my own heart's blood'
"I splamię twoją różę krwią mego serca"
'All that I ask of you in return is that you will be a true lover'
"Wszystko, o co cię proszę w zamian, to abyś był prawdziwym kochankiem"
'because love is wiser than Philosophy, though she is wise'
"Bo miłość jest mądrzejsza od filozofii, choć jest mądra"
'and love is mightier than power, though he is mighty'
"A miłość jest potężniejsza niż moc, choć jest potężny"

'flame-coloured are his wings'
"Płomienne są jego skrzydła"
'and coloured like flame is his body'
"A ciało jego barwne jak płomień"
'His lips are as sweet as honey'
"Jego usta są słodkie jak miód"
'and his breath is like frankincense'
"A jego oddech jest jak kadzidło"

The Student looked up from the grass
Uczeń podniósł wzrok znad trawy
and he listened to the nightingale
I słuchał słowika
but he could not understand what she was saying
Nie rozumiał jednak, co mówiła

because he only knew what he had read in books
Bo wiedział tylko to, co przeczytał w książkach
But the Oak-tree understood, and he felt sad
Ale Dąb zrozumiał i zrobiło mu się smutno

he was very fond of the little nightingale
Bardzo lubił małego słowika
because she had built her nest in his branches
bo zbudowała gniazdo na jego gałęziach
'Sing one last song for me,' he whispered
– Zaśpiewaj dla mnie ostatnią pieśń – wyszeptał
'I shall feel very lonely when you are gone'
"Będę czuł się bardzo samotny, kiedy odejdziesz"
So the nightingale sang to the Oak-tree
Słowik zaśpiewał więc Dębowi
and her voice was like water bubbling from a silver jar
a jej głos był jak woda bulgocząca ze srebrnego dzbana

When she had finished her song the student got up
Kiedy skończyła piosenkę, uczennica wstała
and he pulled out a note-book
i wyciągnął notatnik
and he found a lead-pencil in his pocket
Znalazł w kieszeni ołówek
'She has form,' he said to himself
– Ma formę – powiedział do siebie
'that she has form cannot be denied to her'
"Nie można jej odmówić tego, że ma formę"
'but does she have feeling?'
– Ale czy ona ma uczucie?
'I am afraid she has no feeling'
"Obawiam się, że nie ma uczuć"

'In fact, she is like most artists'
"W rzeczywistości jest jak większość artystów"
'she is all style, without any sincerity'
"Jest stylowa, bez żadnej szczerości"
'She would not sacrifice herself for others'
"Nie poświęciłaby się dla innych"
'She thinks merely of music'
"Ona myśli tylko o muzyce"
'and everybody knows that the arts are selfish'
"A wszyscy wiedzą, że sztuka jest samolubna"

'Still, it must be admitted that she has some beautiful notes'
"Trzeba jednak przyznać, że ma piękne nuty"
'it's a pity her song does not mean anything'
"Szkoda, że jej piosenka nic nie znaczy"
'and it's a pity her song is not useful'
"A szkoda, że jej piosenka się nie przydaje"
And he went into his room
I poszedł do swojego pokoju
and he lay down on his little pallet-bed
i położył się na swoim małym posłaniu z siennika
and he began to think of his love until he fell asleep
i zaczął myśleć o swojej miłości, aż zasnął

And when the moon shone in the heavens the nightingale flew to the Rose-tree
A gdy księżyc zaświecił na niebie, słowik przyleciał do Drzewa Różanego
and she set her breast against the thorn
i oparła pierś o cierń
All night long she sang with her breast against the thorn
Przez całą noc śpiewała z piersią opartą o cierń

and the cold crystal Moon leaned down and listened
a zimny kryształowy Księżyc pochylił się i nasłuchiwał
All night long she sang
Całą noc śpiewała
and the thorn went deeper and deeper into her breast
a cierń wbijał się coraz głębiej w jej pierś
and her life-blood ebbed away from her
a jej życiodajna krew odpłynęła z niej

First she sang of the birth of love in the heart of a boy and a girl
Najpierw śpiewała o narodzinach miłości w sercu chłopca i dziewczynki
And on the topmost branch of the rose-tree there blossomed a marvellous rose
A na najwyższej gałęzi drzewa różanego zakwitła cudowna róża
petal followed petal, as song followed song
Płatek gonił płatek, jak pieśń za piosenką
At first the rose was still pale
Na początku róża była jeszcze blada

as pale as the mist that hangs over the river
blada jak mgła, która wisi nad rzeką
as pale as the feet of the morning
blady jak stopy poranka
and as silver as the wings of dawn
i srebrne jak skrzydła jutrzenki
As pale the shadow of a rose in a mirror of silver
Jak blady cień róży w srebrnym zwierciadle
as pale as the shadow of a rose in a pool of water
blady jak cień róży w kałuży wody

But the Tree cried to the nightingale;
Lecz Drzewo zawołało do słowika;
'Press closer, little nightingale, or the day will come before the rose is finished'
"Przyciśnij bliżej, mały słowiku, bo inaczej nadejdzie dzień, zanim róża się skończy"
So the nightingale pressed closer against the thorn
Słowik przycisnął się więc mocniej do ciernia
and her song grew louder and louder
a jej pieśń stawała się coraz głośniejsza
because she sang of the birth of passion in the soul of a man and a maid
bo śpiewała o narodzinach namiętności w duszy mężczyzny i służącej

And the leaves of the rose flushed a delicate pink
A liście róży zarumieniły się delikatnym różem
like the flush in the face of the bridegroom when he kisses the lips of the bride
jak rumieniec na twarzy oblubieńca, gdy całuje usta oblubienicy
But the thorn had not yet reached her heart
Ale cierń nie dosięgnął jeszcze jej serca
so the rose's heart remained white
Tak więc serce róży pozostało białe
because only a nightingale's blood can crimson the heart of a rose
Bo tylko krew słowika może zaszkarłatać serce róży

And the Tree cried to the nightingale;
A Drzewo zawołało do słowika;
'Press closer, little nightingale, or the day will come before the rose is finished'

"Przyciśnij bliżej, mały słowiku, bo inaczej nadejdzie dzień, zanim róża się skończy"
So the nightingale pressed closer against the thorn
Słowik przycisnął się więc mocniej do ciernia
and the thorn touched her heart
a cierń dotknął jej serca
and a fierce pang of pain shot through her
i przeszył ją przeszywający ból

Bitter, bitter was the pain
Gorzki, gorzki był ból
and wilder and wilder grew her song
i coraz dziksza rosła jej pieśń
because she sang of the love that is perfected by death
bo śpiewała o miłości, która zostaje udoskonalona przez śmierć
she sang of the love that does not die in life
Śpiewała o miłości, która nie umiera za życia
she sang of the love that does not die in the tomb
Śpiewała o miłości, która nie umiera w grobie
And the marvellous rose became crimson like the rose of the eastern sky
A cudowna róża stała się szkarłatna jak róża na wschodnim niebie
Crimson was the girdle of petals
Szkarłat był pasem płatków
as crimson as a ruby was the heart
Szkarłatne jak rubin było serce

But the nightingale's voice grew fainter
Ale głos słowika stawał się coraz słabszy
and her little wings began to beat
i jej małe skrzydełka zaczęły bić

and a film came over her eyes
i film pojawił się na jej oczach
fainter and fainter grew her song
Jej pieśń stawała się coraz słabsza
and she felt something choking her in her throat
i poczuła, że coś dusi ją w gardle
then she gave one last burst of music
Potem dała z siebie ostatni wybuch muzyki

the white Moon heard it, and she forgot the dawn
Usłyszał to biały Księżyc, a ona zapomniała o świcie
and she lingered in the sky
i pozostała na niebie
The red rose heard it
Usłyszała to czerwona róża
and the rose trembled with ecstasy
a róża zadrżała w ekstazie
and the rose opened its petals to the cold morning air
a róża otworzyła swe płatki na zimne poranne powietrze

Echo carried it to her purple cavern in the hills
Echo zaniosła go do swojej purpurowej jaskini na wzgórzach
and it woke the sleeping shepherds from their dreams
i obudził śpiących pasterzy ze snu
It floated through the reeds of the river
Płynął wśród trzcin rzeki
and the rivers carried its message to the sea
a rzeki niosły jego orędzie do morza

'Look, look!' cried the Tree
"Patrzcie, patrzcie!" – zawołało Drzewo
'the rose is finished now'

"Róża się skończyła"
but the nightingale made no answer
Ale słowik nic nie odpowiedział
for she was lying dead in the long grass, with the thorn in her heart
bo leżała martwa w wysokiej trawie, z cierniem w sercu

And at noon the student opened his window and looked out
W południe student otworzył okno i wyjrzał na zewnątrz
'What a wonderful piece of luck!' he cried
"Cóż za cudowne szczęście!" – zawołał
'here is a red rose!'
– Tu jest czerwona róża!
'I have never seen any rose like it'
"Nigdy nie widziałem takiej róży"
'It is so beautiful that I am sure it has a long Latin name'
"Jest tak piękny, że jestem pewien, że ma długą łacińską nazwę"
he leaned down and plucked the rose
Pochylił się i zerwał różę
then he ran up to the professor's house with the rose in his hand
Potem pobiegł do domu profesora z różą w ręku

The professor's daughter was sitting in the doorway
W drzwiach siedziała córka profesora
she was winding blue silk on a reel
Nawijała niebieski jedwab na kołowrotek
and her little dog was lying at her feet
a jej piesek leżał u jej stóp
'You said that you would dance with me if I brought you a red rose'

– Powiedziałeś, że zatańczysz ze mną, jeśli przyniosę ci czerwoną różę.

'Here is the reddest rose in all the world'
"Oto najbardziej czerwona róża na świecie"
'You will wear it tonight, next your heart'
"Założysz go dziś wieczorem, obok swojego serca"
'While we dance together it will tell you how I love you'
"Kiedy będziemy razem tańczyć, powie ci, jak cię kocham"

But the girl frowned
Ale dziewczyna zmarszczyła brwi
'I am afraid it will not go with my dress'
"Boję się, że nie będzie pasować do mojej sukienki"
'Anyway, the Chamberlain's nephew sent me some real jewels'
– W każdym razie siostrzeniec szambelana przysłał mi prawdziwe klejnoty.
'and everybody knows jewels cost more than flowers'
"A wszyscy wiedzą, że klejnoty kosztują więcej niż kwiaty"
'Well, you are very ungrateful!' said the Student angrily
"No cóż, jesteś bardzo niewdzięczny!" powiedział Student ze złością
and he threw the rose into the street
i wyrzucił różę na ulicę
and the rose fell into the gutter
i róża wpadła do rynsztoka
and a cart-wheel ran over the rose
a koło wozu przejechało po róży

'Ungrateful!' said the girl
"Niewdzięczny!" powiedziała dziewczyna
'Let me tell you this; you are very rude'

– Pozwól, że ci to powiem. Jesteś bardzo niegrzeczny"
'and who are you anyway? Only a Student!'
– A kim ty w ogóle jesteś? Tylko student!".
'You don't even have silver buckles on your shoes'
"Nie masz nawet srebrnych sprzączek na butach"
'The Chamberlain's nephew has far nicer shoes'
"Siostrzeniec szambelana ma o wiele ładniejsze buty"
and she got up from her chair and went into the house
Wstała z krzesła i weszła do domu

'What a silly thing Love is,' said the Student, while he walked away
– Cóż za rzecz to Miłość – powiedział Uczeń, odchodząc
'love is not half as useful as Logic'
"Miłość nie jest nawet w połowie tak użyteczna jak logika"
'because it does not prove anything'
"Bo to niczego nie dowodzi"
'Love always tells of things that won't happen'
"Miłość zawsze mówi o rzeczach, które się nie wydarzą"
'and love makes you believe things that are not true'
"A miłość sprawia, że wierzysz w rzeczy, które nie są prawdziwe"
'In fact, love is quite unpractical'
"W rzeczywistości miłość jest zupełnie niepraktyczna"

'in this age being practical is everything'
"W dzisiejszych czasach praktyczność jest wszystkim"
'I shall go back to Philosophy and I will study Metaphysics'
"Wrócę do filozofii i będę studiował metafizykę"
So he returned to his room
Wrócił więc do swojego pokoju
and he pulled out a great dusty book

I wyciągnął wielką, zakurzoną książkę
and he began to read
i zaczął czytać

The End - Koniec

www.ingramcontent.com/pod-product-compliance
Lightning Source LLC
Chambersburg PA
CBHW011955090526
44591CB00020B/2784